# CITOYEN FRANÇAIS

## MÉMOIRE PERSONNEL

### Par Jules STEEG

LIBOURNE

BUREAUX DU « PATRIOTE »

2, COURS D'ORLÉANS, 2

# CITOYEN FRANÇAIS

## MÉMOIRE PERSONNEL

### Par Jules STEEG

LIBOURNE

BUREAUX DU « PATRIOTE »

2, COURS D'ORLÉANS, 2

# CITOYEN FRANÇAIS

## MÉMOIRE PERSONNEL

Les questions personnelles ont habituellement peu
d'attrait pour le public ; mais il y a des circonstances
où elles prennent un caractère d'intérêt général ; c'est
lorsqu'il s'agit de personnes appelées à jouer un rôle
quelconque dans les affaires publiques et à entrer en
rapport continuel avec l'opinion. C'est le cas où je me
trouve. Peu à peu, par la force des choses, par l'en-
traînement logique des évènements, je suis sorti de la
retraite de l'homme privé et j'ai été activement mêlé à
la vie de mes concitoyens, aux querelles politiques et
religieuses du temps présent. Rédacteur en chef de
deux journaux, candidat à la députation, sentinelle
avancée d'un parti militant, j'ai été à différentes reprises
l'objet de vives controverses, de violentes attaques, et

même, selon le triste usage de tous les temps, d'infâmes calomnies. Celles-ci, il est dans ma nature et dans mes habitudes de les mépriser profondément. Elles ne me touchent pas. Je suis armé à leur endroit d'une cuirasse d'indifférence, sachant bien que c'est le lot de tous les combattants de l'idée et du progrès d'être calomniés soit par la perfidie, soit par la sottise.

Il y a cependant des mensonges qu'il est bon de relever, lorsqu'ils peuvent sérieusement nuire à l'œuvre entreprise. Je me suis proposé la tâche de travailler à la régénération morale de notre patrie française, à l'affranchissement des consciences, à la propagande des idées démocratiques et libérales, à la consolidation des institutions républicaines. Ceux que gêne cette propagande, incapables de réfuter nos doctrines, d'en arrêter le cours, d'opposer aux arguments et aux faits les armes de la raison, se sont bornés à m'insulter et m'ont jeté à la face que je n'étais pas Français. Je les ai réduits au silence. Ils ont continué à colporter ce bruit tout bas. Je sais qu'il circule et je ne puis plus le saisir. Ne trouvant pas d'occasion de faire appel à la justice en traduisant ce mensonge devant les tribunaux, c'est au tribunal de l'opinion publique que je défère la cause. Il m'importe, ou plutôt il importe aux idées que je défends, à l'œuvre que je poursuis, à la légitime influence que je tiens à conquérir comme publiciste au milieu de mes concitoyens, de ne laisser dans l'esprit de qui que ce soit aucun doute sur ma nationalité française.

Je vais exposer les faits, chacun jugera. C'est à regret que j'entretiens le public de ma personne et de détails minutieux et intimes. Nul n'est obligé de me lire, mais ceux qui éprouvent quelque curiosité à cet endroit pourront se satisfaire, et ce sont mes ennemis moins que tout autre qui auront le droit de se plaindre du caractère personnel de cette publication, car ce sont leurs attaques ouvertes ou leurs insinuations détournées qui m'ont obligé à la faire.

*
* *

Je suis né à Versailles, rue de la Pompe, le 21 février 1836. Ma mère, Julie Dumont, était de Verneuil, petite commune du canton de Poissy, en Seine-et-Oise; j'ai encore mes oncles et mes cousins dans ce pays-là. Mon père était originaire d'une des provinces du Rhin que la Prusse s'est annexée par la conquête en 1866. Venu en France dès sa jeunesse, il n'en est plus jamais sorti *un seul jour*, et n'a jamais cessé de se considérer comme Français, tant il l'était par ses habitudes, ses relations, ses affections, sa vie tout entière.

Mes parents habitèrent Versailles jusqu'en 1845. A cette époque, ils allèrent s'établir à Paris. C'est là que j'ai fait toutes mes études jusqu'en 1855, d'abord à l'école communale de la rue Jean de Beauvais, puis comme externe au collége Henri IV, qui s'est appelé aussi lycée Corneille et lycée Napoléon. En octobre 1855, j'allai étudier à l'Université de Bâle, en Suisse; l'année suivante, à l'Université de Strasbourg.

C'est dans cette dernière ville que je devins majeur.

Mes parents me prévinrent à ce moment-là que j'avais une formalité à remplir pour me mettre en règle ; c'est celle qui est prescrite par l'article 9 du code civil ainsi conçu :

« Tout individu né en France d'un étranger pourra, dans l'an-
» née qui suivra l'époque de sa majorité, réclamer la qualité de
» *Français* ; pourvu que, dans le cas où il résiderait en France,
» il déclare que son intention est d'y fixer son domicile. »

Je n'avais aucun intérêt à ne pas remplir cette formalité, puisque je désirais subir à l'époque voulue le tirage au sort, et que c'est même à cette occasion-là que mes parents furent rendus attentifs à cette nécessité. J'avais tout intérêt à la remplir, puisque je voulais vivre en France, y être citoyen, y occuper une charge publique qui ne pouvait être confiée qu'à un Français. Ne pas remplir cette formalité, c'était couper court à la carrière que je me proposais d'embrasser et en vue de laquelle je faisais mes études.

Français de naissance, d'éducation, de famille et de cœur, je n'eus pas un moment d'hésitation. J'attendis impatiemment le lendemain de ma majorité, et aussitôt je courus à la mairie de Strasbourg, le 22 février 1857, y faire la déclaration exigée par l'article 9 du code civil, afin d'avoir le droit de tirer au sort et d'exercer plus tard le ministère pastoral, comme c'était ma résolution.

Cette déclaration fut, selon l'usage, consignée sur un registre ; je m'en fis immédiatement délivrer une copie, que j'expédiai à mes parents par la poste le jour même, tant j'étais pressé que tout fût en ordre, que rien ne retardât mon tirage au sort et que ma nationalité française fût définitivement établie.

Dès le lendemain matin, mon père, ayant reçu cette copie, alla la porter à la mairie du XI<sup>e</sup> arrondissement de Paris, où était son domicile légal, afin de me faire inscrire sur le tableau de recensement pour le tirage au sort de ma classe, qui devait avoir lieu à cette même mairie le 10 mars suivant. Régulièrement j'aurais dû tirer à Versailles, lieu de ma naissance ; mais, comme c'était à la mairie du XI<sup>e</sup> arrondissement de Paris qu'on avait donné à mon père les indications nécessaires et celles en particulier qui touchaient à l'exécution de l'article 9, il avait préféré suivre à cette mairie l'affaire commencée, et en avait obtenu facilement l'autorisation du maire de Versailles. J'ai retrouvé sa lettre dans les archives de la mairie de cette ville.

Au tirage au sort, j'eus le numéro 236, qui se trouva bon pour le service. Je fus dispensé comme élève de la Faculté de théologie protestante. Je n'en fus pas moins compris dans le contingent comme appartenant à l'armée, pour le cas où j'aurais renoncé à ma carrière, et ce n'est qu'après une période de sept années que j'ai obtenu mon congé de libération militaire, le 30 décembre 1863. Ma situation était celle de tous les membres du corps enseignant, tant de l'instruction primaire que de l'enseignement secondaire, ainsi que des membres du clergé.

L'année suivante, obligé pour des raisons de santé de quitter Strasbourg pour Montauban, où je terminai mes études, je fus inscrit dans cette ville sur la liste électorale du canton-Est, et ainsi je me trouvai en pleine possession de mes droits de citoyen français, inscrit dans les registres de l'armée française et sur la liste des électeurs français.

C'est le 1er septembre 1859 que je vins à Libourne, d'abord à titre de pasteur auxiliaire. Lorsque le poste officiel fut créé, j'en devins titulaire parce que je remplissais les conditions exigées par la loi. J'avais les grades académiques, j'étais désigné par le Conseil presbytéral, nommé par le Consistoire, et enfin j'étais Français. L'article 1er de la loi du 18 germinal an x le dit expressément :

« Nul ne pourra exercer les fonctions du culte, s'il n'est Français. »

Cela est de règle universelle en France. Il faut être Français pour y exercer des fonctions publiques.

★
★ ★

Rien n'est donc plus certain, plus démontré de toute manière que ma nationalité française et je pouvais me croire à l'abri de toute attaque et de toute contestation à cet égard. Quelle ne fut donc pas ma surprise lorsque j'appris, au printemps de 1874, qu'on élevait des doutes, qu'on faisait des recherches, qu'on essayait de me susciter des difficultés de la nature la plus grave ! Qu'était-il donc survenu ?

Nous étions en pleine crise politique. Le « gouvernement de combat » se proposait de « faire marcher la

France » à rebours. Un odieux système de compression, de lâche despotisme et d'hypocrisie cléricale, désigné par antiphrase sous le nom « d'ordre moral », était appliqué à notre pauvre pays par une coalition de monarchistes dont les chefs, libéraux renégats, avaient pour armée la bande bonapartiste, tirée subitement de sa honte et galvanisée par l'espoir inattendu de ressaisir sa proie.

Le représentant de cette coalition dans la Gironde était M. Pascal, l'ex-journaliste libéral, l'ex-préfet républicain de M. Thiers, passé avec armes et bagages au service de la réaction, l'homme désormais fameux par la scandaleuse circulaire sur la presse, qui a soulevé à ce point l'indignation publique qu'un Beulé lui-même a dû le congédier. En arrivant chez nous, son premier soin avait été de révoquer les municipalités élues pour leur substituer des agents à poigne, des maires imposés que les électeurs n'avaient pas jugés dignes d'entrer dans le conseil. A Libourne, cette situation fut acceptée par M. Piola, riche et honnête bourgeois, estimé jusque-là et digne de l'être, mais qu'une regrettable faiblesse ou une tarentule d'ambition mesquine poussait dans cette lutte insensée contre les sentiments de l'immense majorité de ses concitoyens.

Ces personnages me rencontrèrent sur leur route, s'irritèrent de mon énergique opposition, et me jurèrent une haine mortelle. Je faisais partie d'une commission de conservateurs du Musée et de la Bibliothèque de la ville, nommés par le conseil municipal ; le maire imposé obtînt du préfet la suppression de cette commission, instituée depuis plus de quarante ans et qui avait fonctionné sous tous les régimes. J'étais, en vertu de la loi, membre de la commission des établissements de bienfaisance de la ville : le maire imposé obtînt de son préfet Pascal que le duc de Broglie, alors ministre de l'intérieur, me révoquât sans phrases et sans motifs. J'étais président d'une modeste société d'instruction fondée par des ouvriers sous le nom de *Société littéraire* : le maire imposé obtînt qu'elle fût dissoute sous le plus frivole des prétextes.

C'était la persécution acharnée, niaise, inutile.

J'eus à cette époque la douleur de perdre mon père. Selon l'usage, je déclarai, en même temps que son décès, son lieu de naissance. Ce fut pour la mairie un trait de lumière, un butin inespéré. De ce fait que mon père n'était pas né én France (ce qui était également le cas du père de M. Piola), celui-ci tira l'espoir qu'il y aurait peut-être lieu de me molester. Il fit son enquête. On a trouvé dans la rue et l'on m'a communiqué une note émanant de la mairie et timbrée du timbre du commissariat de police avec cette mention : *Très urgent*, par laquelle il demandait des renseignements sur mon compte. Voici cette note :

« Avoir le certificat de la mairie de Versailles, constatant que Jules Steeg, né le 22 février 1836, à Versailles (Seine-et-Oise), a satisfait à la loi sur le recrutement militaire, ou bien qu'il résulte des registres du recensement de la commune de Versailles pour la classe 1856, qu'il était à la date du tirage au sort en 1857, fils d'étranger non naturalisé, son père étant originaire de Nastetten, Nassau. »

Cette note ne pouvait aboutir à rien, puisque ce n'était pas à Versailles, mais à Paris que j'avais tiré au sort. Aussi, ne recevant rien de Versailles, mes ennemis furent-ils ravis d'aise et ils conçurent les plus charmantes espérances. Le préfet ne cachait pas son dessein de me faire expulser comme étranger perturbateur. Dans un dîner officiel, donné à Bordeaux à l'occasion de la pose de la première pierre de l'église Saint-Louis, des gens bien informés, interrogés par un dignitaire ecclésiastique sur les chances qu'on pouvait avoir de se délivrer de ma personne, répondirent par les plus sûres promesses.

« C'est l'homme le plus dangereux du département, disait-on à ce banquet, mais nous avons les moyens de nous en débarrasser prochainement. »

Je fus averti par un des convives, témoin auriculaire.

En même temps, je reçus un avis analogue d'un de mes amis, président du Consistoire de l'Eglise réformée du Havre ; il m'écrivait qu'étant assis par hasard à Paris, où il se trouvait de passage, à côté de gens qui parlaient de moi, il avait compris que c'étaient des personnages de la haute administration qu'un certain Libournais (qu'il est inutile de nommer) entretenait de son ardent désir de me faire contester ma nationalité française pour m'écarter de son voisinage et qu'on n'était gêné, dans cette noble entreprise, que par la crainte d'une interpellation à la tribune de l'Assemblée nationale.

Je n'attachais pas la moindre importance à ces paroles et démarches d'adversaires aux abois, lorsque je reçus une invitation du procureur de la République d'avoir à passer dans son cabinet. Il me déclara qu'on avait reçu des dénonciations sur mon compte qui obligeaient le Parquet à me demander mes papiers et les preuves de ma nationalité. Je répondis que tout mon dossier se trouvait depuis longues années au ministère de l'instruction publique et des cultes, et qu'on n'avait qu'à s'y adresser.

Prenant moi-même l'initiative, j'écrivis à un ami de vouloir bien faire des démarches au ministère afin de se procurer ce dossier et d'en tirer copie des pièces qui m'importaient. Il me fut répondu, après recherches, que le dossier avait disparu du ministère, et que le sous-secrétaire d'Etat l'avait chez lui. On s'adressa à celui-ci, qui répondit que le ministère de l'intérieur le lui avait demandé. C'était une odyssée d'un nouveau genre. J'ignore ce qu'est devenu le malheureux dossier dans cette course, à quel bureau il s'est arrêté, quel chemin il a fait, dans quelles mains il a passé, comment il est rentré au logis et ce qu'il a pu perdre de ses plumes en route. Je n'ai jamais eu assez d'entregent dans les ministères pour tirer au clair ces aventures.

En présence de ces difficultés inattendues, je pris le chemin le plus court et j'écrivis à Strasbourg pour avoir copie de ma déclaration du 22 février 1857. Cet envoi devait terminer tout débat. J'écrivis vers la fin de mai. Le 5 juin 1874 un homme considérable de Strasbourg, M. le pasteur Leblois, président du Consistoire du Temple Neuf, me répondit que malgré beaucoup de recherches, on ne trouvait pas la pièce que je demandais.

« Pendant le bombardement, m'écrivait-il, la mairie a été le point de mire des obus. On a été obligé de ramasser en hâte les registres, dossiers etc., pour les mettre à couvert contre les projectiles. Une foule de pièces ne sont pas encore classées, et l'on croit que la vôtre se trouve parmi. On me promet de faire de nouvelles recherches, et l'on espère pouvoir, avant un mois, me donner des renseignements satisfaisants. »

Un mois, je trouvais long ce délai, d'autant que le procureur de la République était pressé par ses supérieurs, m'écrivait lettre sur lettre et me mandait fréquemment en son parquet. Il s'en excusait, du reste, avec une parfaite courtoisie, et m'avouait que les ordres relatifs à cette affaire venaient « de très haut. » Il me semblait qu'on était au courant de l'obstacle subit que je venais de rencontrer, et qu'on avait hâte de profiter de cet incident.

Je demandai donc à Strasbourg qu'on activât les recherches, ou que, si elles devaient être vaines quelque temps encore, le maire voulut bien me donner un certificat qui constatât au moins cette situation.

Voici ce que mon honorable correspondant m'écrivit à la date du 26 juin :

« J'ai reçu vos deux lettres. Après l'une et l'autre, j'ai relancé les employés de la mairie, et je rencontre toujours la même bonne volonté et les mêmes regrets de n'avoir pas encore trouvé, malgré des recherches assidues, le registre qui contient votre déclaration de nationalité française. M. l'administrateur de la municipalité se montre très complaisant. Prié de donner une pièce constatant la disparition du registre, il a fait observer avec raison que cette disparition n'était pas définitive et que l'espoir de retrouver ce document étant pleinement fondé, la pièce demandée serait prématurée, surtout si elle devait être suivie peu après de la pièce véritable.

» Bref, cher ami, ayez confiance en mon zèle pour vous. L'heure où je recevrai votre document sera celle où je vous l'expédierai. »

Il fallait donc attendre bon gré, mal gré. Dans l'intervalle, je m'étais procuré mon congé de libération militaire et je l'avais remis au procureur de la République, ainsi que le certificat du maire du XIe arrondissement de Paris, en date du 23 février 1857 constatant mon inscription sur les registres du recensement pour le tirage au sort.

Voici la copie de ces deux pièces :

# RECRUTEMENT

## Classe d'appel de 1856

### DÉPARTEMENT DE LA SEINE

*Certificat de déclaration pour l'inscription sur le tableau de recensement*

### N° **390** de l'inscription

Signature du porteur — représenté par le père : *(signé)* STEEG.

Le maire du XIe arrondissement de Paris, département de la Seine, certifie que le sieur Steeg (Jules), né le 21 février 1836, à Versailles, canton et arrondissement dudit, département de

Seine-et-Oise, résidant à Strasbourg, canton et arrondissement dudit, rue Derrière-Saint-Nicolas, n⁰ 26, département du Bas-Rhin, profession d'étudiant en théologie, fils de Jean-Nicolas Steeg, exerçant la profession de concierge, et de Julie Dumont, domiciliés a Paris, rue de Vaugirard, 107, — s'est présenté pour être inscrit au tableau du recensement de cet arrondissement, afin de concourir au tirage au sort qui aura lieu le 10 mars 1857.

Fait à Paris, le 25 février 1857.

*Le Maire* : (signature illisible).

Timbre de la mairie du XI⁰ arrondissement de Paris (Seine).

---

## Congé de Libération

Empire Français. 1ʳᵉ division militaire. Place de Paris.

Dépôt de recrutement et de réserve du département de la Seine.

Nous soussigné, commandant du dépôt de recrutement et de réserve du département de la Seine, délivrons le présent congé de libération au sieur Jules Steeg, fils de Jean-Nicolas et de Julie Dumont, domiciliés à Paris, rue de Vaugirard, 107, canton du XI⁰ arrondissement, département de la Seine, né le 21 février 1836, à Versailles, département de Seine-et-Oise, profession d'étudiant en théologie, dernier domicile à Strasbourg (Bas-Rhin), n'a pas contracté mariage pendant la durée de son service, — lequel est inscrit comme jeune soldat sur la liste du contingent sous le n⁰ 1823 et a terminé le temps de son service exigé par la loi le trente decembre mil huit cent soixante-trois.

Fait à Paris, le 30 décembre 1863.

Signé par le commandant du dépôt ; vu et certifié par le sous-intendant ; vu par le général de division Soumain ; approuvé par le maréchal commandant le 1ᵉʳ corps d'armée, Magnan.

Ces deux pièces me suggérèrent l'idée que la copie de ma déclaration de Strasbourg, qui avait été exigée

pour mon inscription du 23 février sur le tableau de
recensement et remise ce jour-là même par mon père à
la mairie du XIᵉ, devait y être encore et que je n'aurais
plus dès-lors besoin de poursuivre l'original. J'écrivis
aussitôt pour qu'on voulût bien rechercher cette copie
dans les archives de la mairie du XIᵉ. Nouvelle décep-
tion ! On répondit que l'usage était de transférer tous
les dix ans les archives de chaque mairie dans les col-
lections de l'Hôtel de Ville, et qu'elles avaient été brû-
lées ensemble dans le grand incendie de la Commune
en 1870.

Je n'avais certes pas lieu de m'inquiéter ; le certificat
d'inscription sur les registres du tirage au sort, mon
congé de libération militaire, mes fonctions officielles,
étaient une justification suffisante de ma nationalité
française. Mais je désirais ardemment des témoignages
encore plus catégoriques. Ils me furent enfin fournis.

Après la mort de mon père, j'avais trouvé dans son
armoire une liasse de vieilles lettres qu'il conservait
soigneusement. C'était, d'une part, les lettres que j'avais
reçues de ma mère dans les deux dernières années de
sa vie, en 1857 et 1858, et que j'avais gardées en souvenir d'elle ; d'autre part, toutes les lettres que je lui
avais écrites à la même époque, qu'elle avait rangées
par ordre de date, en les numérotant et en indiquant
même sur l'enveloppe le jour où elle les recevait.

J'eus l'idée de parcourir ces chères reliques du passé,

et j'y rencontrai bientôt tous les témoignages et toutes les preuves de l'acte que je désirais constater.

D'abord une lettre du 27 janvier 1857 où ma mère m'informait des démarches nécessaires pour remplir la formalité de l'article 9. J'ignorais complètement alors l'existence de cet article, et mes parents également ; c'est en se renseignant à la mairie de son arrondissement sur les démarches à faire pour mon tirage au sort que mon père reçut les indications qu'il me transmit. Voici un fragment de la lettre de ma mère à ce sujet :

« Paris, le 27 juillet 1857.

» Mon cher enfant,

» Tu sais que tu es arrivé à l'année de ton tirage. Nous avons fait venir ton extrait de naissance de Versailles. Ton père a été à la mairie : on lui a dit qu'il fallait te dire que tu ailles à la mairie de Strasbourg pour qu'on te donne un écrit comme quoi tu es reconnu Français. Envoie-nous ce papier le plus tôt possible. Il faut que ce papier aille à Versailles et revienne à Paris pour te faire inscrire pour pouvoir tirer pour toi.

» Le tirage est pour le 26 février au I<sup>er</sup> arrondissement ; ainsi le XI<sup>e</sup> est pour le 10 mars. Je t'envoie ton extrait de naissance en cas de besoin ; mais il faut que tu nous le renvoies avec le papier que le maire te donnera. Tâche de faire cela promptement... »

Un retard que ma mère m'explique en *post-scriptum* ne fit partir cette lettre que le lendemain 28.

En la recevant, je fus étonné de ces formalités dont je n'avais jamais entendu parler. Je me rendis immédiatement à la mairie de Strasbourg pour avoir des explications ; on me donna connaissance de l'article 9 qui me concernait, et je répondis aussitôt à mes parents pour leur raconter ce qui m'avait été dit ; voici ma lettre :

« Strasbourg, 1er février 1857.

» Mes chers parents,

» J'ai reçu votre lettre du 28 janvier dernier ; je suis allé à la mairie et voici ce qu'on m'a expliqué : Il faut que dans l'année de ma majorité, ni avant, ni après, je signe une déclaration par laquelle je me range au nombre des citoyens français. C'est la copie de cette déclaration que je vous enverrai. Mais je ne serai majeur que le 22 février ; je ne pourrai donc signer que ce jour-là et vous en enverrai alors la copie.

» L'on m'a dit qu'il était nécessaire que mon père fît toutes les démarches nécessaires pour l'inscription, qu'on laisserait en blanc ce qui ne pourrait être rempli avant que vous n'ayez mon papier. Je vous l'enverrai probablement le 23 ou le 24 au plus tard : le tirage ne commence que le 26 février.

» Je vous renvoie l'acte de naissance dans le cas où vous en auriez besoin pour les démarches à faire. Ayez la bonté de me le renvoyer avant le 20 courant... »

Ces deux lettres suffisaient à elles seules pour établir que nous avions été informés à temps, que nous avions un intérêt sérieux à ce que je fisse la déclaration exigée par l'article 9, qu'il n'y avait aucun intérêt, ni aucun motif en sens contraire et que la déclaration avait été faite, suivant le cours naturel des choses. Mais je ne bornai pas là mes investigations. Je trouvai une autre lettre de ma mère attestant qu'on ne s'endormait pas vis à vis de ces démarches, que l'on y attachait dans ma famille une grande importance et qu'on les suivait jour par jour.

> « Paris, ce 12 février 1857.

> » Mon cher enfant,

» Nous te renvoyons ton acte de naissance comme tu nous l'as dit. Ne te tourmente pas si on te le garde, parce que nous en faisons redemander un second à Versailles.

» Nous sommes en attendant le papier que tu nous as promis. Mais il ne faut pas que cela t'empêche de nous écrire avant ton papier, parce que le temps nous semblerait trop long... »

Enfin, ma mère avait conservé parmi les autres, à son rang et à sa date, la lettre même qui contenait la copie de ma déclaration. Cette lettre, usée par le temps, montre encore les plis du papier officiel qu'elle avait renfermé. La voici tout entière :

> « Dimanche, 22 février 1857.

> » Mes chers parents,

» Je vous envoie *le papier qui me déclare Français*. Je pense qu'il est encore bien temps pour le tirage. Je vous écris rapidement ces deux mots ; je veux envoyer ma lettre ce soir pour que vous ayez mon papier le plus tôt possible.

» On m'a dit à la mairie qu'il fallait que le maire de votre arrondissement prévînt le maire de Versailles que je tire à Paris. On a gardé ici mon acte de naissance. Si vous en cherchez un autre, ayez soin de n'y pas laisser mettre que mon tirage se fait à Versailles comme c'était sur le premier. Le temps me presse à cause de la poste. J'espère vous écrire plus longuement dimanche prochain.

» Je vous embrasse tendrement.

> » Votre fils : Jules STEEG. »

Dès lors, tout était retrouvé, démontré. Les faits s'enchaînaient, les preuves abondaient, les titres détruits se reconstituaient. Plusieurs jours après, continuant cette lecture de nos vieilles lettres, j'en trouvai une de ma mère, du 3 mars, qui m'accusait réception de la mienne du 22 février ; une autre du 12 mars où elle m'apprenait le résultat du tirage au sort, mon père ayant amené pour moi le n° 236 ; d'autres du 19 et du 27 mars pour les démarches relatives à ma dispense ; une du 29 mai m'apprenant que mon père s'était présenté au Conseil de révision pour moi, muni de toutes les pièces nécessaires et que j'étais définitivement en règle avec la loi et avec l'administration militaire.

Mais je ne me donnai pas le temps d'aller si loin. Dès que j'eus mis la main sur les lettres des 27 janvier, 3, 12 et 22 février que l'on vient de lire, j'arrêtai là mes recherches, je portai ces lettres au procureur de la République qui m'en donna un récépissé détaillé et les transmit au procureur général.

Peu de jours après, vers le milieu du mois de juillet 1874, je fus mandé de nouveau dans le cabinet de M. Habasque, au parquet ; il me rendît toutes mes pièces de la part de M. de Gabrielli, procureur général, qui l'avait chargé de me dire que la preuve était suffisamment faite que j'avais satisfait anx prescriptions légales, que j'étais manifestement citoyen français, et que je pouvais être tranquille de ce côté. Comme je lui demandais une déclaration écrite de lui ou du procureur général dans ce sens, il me répondit que c'était parfaitement inutile, que le parquet avait désormais des notes suffisantes pour qu'on ne revînt pas sur cette affaire et qne je n'avais plus à me préoccuper pour l'avenir de réclamations ou d'exigences de la même nature. Il voulut bien ajouter spontanément qu'il était bien aise ponr moi que cette investigation eût été cette fois menée à fond, pour mettre enfin un terme à de fausses rumeurs qui n'auraient plus lieu de se reproduire maintenant.

De fait, une déclaration écrite était superflue, devant la parole de deux magistrats qui sont encore aujourd'hui en fonctions, l'un procureur général à Bordeaux, et l'autre avocat général à Agen.

S'il y avait eu le moindre doute, la moindre prise, qui ne voit qu'ils eussent poursuivi une affaire à laquelle des personnes de haute importance dans « l'ordre moral » attachaient un intérêt si passionné ? Mais ils ne se sont pas asservis aux passions de mes adversaires ; ils n'ont pas tenu compte des désirs de la politique de combat, ils n'ont voulu s'incliner que devant la justice, et à l'heure actuelle, malgré les haines violentes dont je suis encore l'objet, malgré les intérêts électoraux de MM. Pascal et Decazes dans notre arrondissement, malgré le paroxysme réactionnaire qui sévit partout, nul n'a osé protester contre cette sage décision du Parquet, fondée sur l'évidence et la justice.

*<br>* *

Les recherches avaient continué cependant à la mairie de Strasbourg, sans amener la découverte des registres définitivement perdus lors de la guerre. Mais on y retrouva des témoins qui se rappelaient m'avoir assisté lors de ma déclaration, et je reçus, un an et demi plus tard, sans l'avoir demandé, le certificat suivant du maire de Strasbourg, dûment légalisé selon les formes de la convention intervenue pour les pièces officielles d'Alsace dans le traité de paix de Francfort :

### MAIRIE DE LA VILLE DE STRASBOURG

Il est certifié par les présentes, sur requête et en vertu des dépositions de deux témoins soussignés que le sieur Jules Steeg, né à Versailles, le 21 février 1836, de parents non français (1), a fait au mois de février 1857, à la mairie de cette ville, la déclaration prescrite par l'article 9 du Code civil pour acquérir la nationalité française ; que cette déclaration a été reçue en procès-verbal, et qu'elle a été transcrite sur un registre, qui a disparu depuis le siége de cette ville.

Strasbourg, le 30 novembre 1875.

> *Signé* : E. Oursin, A. Kastner. L'administrateur de la mairie, par délégation, *signé* : de Reichlin. Pour traduction conforme, le traducteur juré : Binterlin.

Cet acte officiel équivalait, dans la mesure du possible, à l'original détruit par le fait brutal de la guerre.

Mais j'aurais aimé, et chacun le comprendra, à avoir, en vertu de ce certificat de Strasbourg, une constatation directe sur un registre français.

---

(1) Comme on l'a vu plus haut, ma mère était française de naissance.

Je suis allé exprès à Paris au mois de mai dernier. Je me suis adressé au ministère de la justice, au sous-secrétariat, à la Chancellerie ; partout on a reçu et lu mes documents ; partout on a reconnu, comme au parquet de Bordeaux, qu'ils étaient d'une authenticité et d'une force probante qui défient toute contradiction ; M. de Biauzat, gardien du sceau de France à la Chancellerie, et juge des questions de nationalité dans les affaires de dispense pour mariage etc., a déclaré formellement que, dans ce cas présent, la preuve était plus que complète ; mais la difficulté non prévue par la loi subsistait toujours, de trouver une procédure pour la reconstitution de la pièce primitive sur registre français, à cause de l'annexion de la ville où la déclaration avait été faite.

A tout événement, et pour épuiser consciencieusement tous les moyens légaux, j'adressai, par l'intermédiaire de M° Legrand, avoué, une reqnête avec toutes mes pièces à l'appui de M. le président du tribunal de Versailles, pour qu'il constatât ma nationalité et obligeât le maire à faire mention de ma déclaration en marge de mon acte de naissance sur les registres de l'Etat civil de ma ville natale.

Mais il n'y a rien, paraît-il, dans la loi ni dans l'usage qui établisse cette obligation. Il n'a pas été trouvé d'exemple de mention de cette nature, et la loi ne donne au tribunal d'autre pouvoir que celui de « rectification » d'Etat civil. Or, mon acte de naissance étant régulier, je ne demandais pas de rectification et le tribunal, comme je le prévoyais, se déclara incompétent sur ma requête.

J'aurais pu la renouveler devant le tribunal de Strasbourg puisque c'est dans cette ville que j'avais fait ma déclaration. Mais je n'ai pas consenti à porter un pareil litige devant un tribunal allemand. J'étais déjà assez humilié comme Français que mes adversaires aient eu l'impudeur de profiter d'un malheur public, du siége de Strasbourg et des calamités de la guerre, pour dresser contre moi ces petites machinations et pour essayer d'effacer un citoyen de plus après ceux qne l'annexion a enlevés.

Déjà, non contents de ces insinuations snr ma nationalité, ils avaient avancé que le *Progrès des Communes* avait été fondé avec de l'argent prussien, que je recevais des subsides allemands, que j'étais en relations étroites avec nn officier d'état-major de l'armée de Steinmetz. Ces abominables mensonges ont pu faire leur chemin, selon la trop vraie théorie de Basile, et je ferai bien peut-être de profiter de la circonstance présente pour protester une fois de plus, avec toute l'énergie d'une conscience indignée, contre des calomnies aussi criminelles, qui ne diffèrent que peu de l'assassinat par guet-apens au coin d'un bois.

Lorsque, sous l'Empire, je fondai le *Progrès des Communes* par actions de cent francs, il se trouva parmi les premiers souscripteurs un habitant de Libourne, un Allemand, M. Ebel, premier commis et ami intime de la maison Princeteau, dont j'avais fait la connaissance en qualité de coreligionnaire. Il souscrivît en effet deux actions de cent francs chacune, *qu'il n'a jamais payées*. Les livres de la liquidation sont là qui en font foi. Toutes les autres actions ont été souscrites par des habitants de la Gironde. Voilà comment le *Progrès des Communes* a été fondé avec de l'argent prussien.

Ce M. Ebel a quitté Libourne et la France au moment de la déclaration de guerre, et je n'ai plus rien su de lui depuis lors.

Quant à un officier prussien quelconque, je n'en connais ni n'en ai jamais connu aucun, n'ai eu de relations avec qui que ce soit touchant de près ou de loin à un corps quelconque de l'armée allemande. Ce sont là des inventions gratuites, qui ne reposent sur aucune ombre de vraisemblance, sur aucune espèce de fait ayant pu y donner naissance par quelque fausse interprétation. C'est le mensonge sans preuve, sans esprit, sans données, et d'autant plus dangereux parfois qu'il est plus grossier, plus brutal et plus énorme.

L'honnête homme est désarmé au premier moment contre des agressions de cette nature.

Mais laissons de côté ces turpitudes, et revenons au point spécial que j'ai entrepris d'exposer.

Lorsque le 16 mai survint brusquement, je jugeai prudent de hâter la solution de mon affaire et d'élever un infranchissable rempart de légalité autour de ma nationalité française.

Une seule voie me restait ouverte pour arriver au

résultat que je désirais ; c'est celle qui est indiqnée par la loi du 22 mars 1849 ainsi conçue :

« L'individu né en France d'un étranger sera admis, même après l'année qui suivra l'époque de sa majorité, à faire la déclaration prescrite par l'article 9 du Code civil, s'il se trouve dans l'une des deux conditions suivantes : — 1o S'il sert ou s'il a servi dans les armées françaises de terre ou de mer ; — 2o s'il a satisfait à la loi du recrutement sans exciper de son extranéité. »

J'ai longtemps hésité à recourir au moyen indiqué par cette loi ; j'aurais préféré qu'il y eût un moyen judiciaire de confirmer ma déclaration primitive ; mais mes adversaires se sont bien gardés de me le fournir en attaquant ma nationalité devant les tribunaux ; ils savaient bien qu'ils m'eussent procuré un facile et complet triomphe. Ils se contentaient de jeter dans leurs journaux des insinuations perfides, de me poser des questions hypocrites, de m'insulter de telle sorte qu'ils pussent échapper à la répression. Après en avoir eu un moment la pensée, par suite des attaques sans nom dont j'avais été l'objet pendant la période électorale, j'ai répugné à les poursuivre en diffamation, parce que les procès de presse me sont odieux, et que si je réprouve qu'on m'en fasse, je ne me déciderais à en faire à mon tour qu'à la dernière extrémité.

De plus, de tels procès gagnés n'auraient rien prouvé, puisque la diffamation ne porte pas seulement sur des faits faux, mais aussi sur des faits vrais

On ne m'a jamais contesté mon titre d'électeur, on

n'a jamais essayé de me biffer de la liste électorale, ou plutôt, une fois qu'on l'avait fait, lors du grand balayage entrepris par les agents de l'ordre moral, on a dû reconnaître l'erreur commise et m'inscrire de nouveau sur ma simple réclamation (1).

---

(1) Voici la lettre que j'écrivis à cette occasion :

A *Monsieur le gérant du* PROGRÈS DES COMMUNES

Libourne, le 11 août 1874.

Mon cher ami,

Il importe de prévenir les électeurs qu'ils n'aient pas à s'endormir s'ils tiennent à conserver leur droit de vote. La commission libournaise procède en effet avec une rigueur exemplaire.

Je pouvais croire que mon inscription sur la liste électorale ne ferait pas l'objet d'une hésitation, car la loi veut que la commission m'y inscrive d'office à double titre.

Je ne suis pas né à Libourne, il est vrai, mais j'y suis inscrit depuis quinze ans au rôle d'une des quatre contributions directes.

En outre, je suis assujetti à une résidence obligatoire dans la commune en qualité de ministre d'un culte reconnu.

Dans ces deux cas, la loi exige l'inscription d'office (art. 5, § 2, 26).

Eh bien ! la commission m'a rayé.

Il est vrai qu'il m'a suffi de réclamer pour obtenir aujourd'hui mon inscription sans la moindre difficulté ; mais si, confiant dans mon droit, et dans l'observation scrupuleuse de la loi de la part des membres de la commission, j'avais négligé de m'informer, la chose était faite.

Je comprends parfaitement que M. le maire, que je n'ai pas l'honneur de connaître, ignore mon existence dans les murs de sa bonne ville, et qu'il n'ait pas eu l'idée de réclamer le main-

Jamais, jamais ceux qui murmuraient leurs mensonges à voix basse, n'ont porté leur accusation à la barre et n'ont osé demander à des juges ma radiation du registre électoral. Pourquoi ? C'est parce qu'ils avaient conscience de leur infamie et de mon bon droit.

En possession légale incontestée de mon titre de citoyen français, j'ai voulu cependant, par un sentiment patriotique, inscrire ce titre en caractères ineffaçables sur les registres de ma ville d'adoption. A défaut d'une décision judiciaire dont mes calomniateurs ne m'ont pas donné l'occasion, à défaut d'une procédure qui me permît de changer une feuille volante en un enregistrement régulier, j'ai résolu d'emprunter cette ressource au droit que la loi de 1849 me conférait, et j'ai mis un terme à tout débat, j'ai régularisé la situation un moment troublée par le siége de Strasbourg et l'annexion

---

tien sur la liste d'un nom qui lui était inconnu, mais je m'étonne un peu que M. le percepteur, délégué de la préfecture, ne se soit pas souvenu de l'argent que je verse depuis si longtemps entre ses mains et n'ait pas pris la défense d'un de ses contribuables les plus réguliers.

Les meilleures mémoires peuvent être parfois en défaut.

La morale de cette histoire, la voici :

Engagez vivement tous vos amis à vérifier leur inscription. Il n'y a pas de titre si solide qui ne puisse être contesté.

Recevez, etc,

Jules STEEG.

de l'Alsace, en faisant la démarche rapportée dans la pièce suivante :

*Extrait du Registre des arrêtés et des actes de déclaration de la ville de Libourne*

—

(Renouvellement de l'acte de déclaration du sieur Steeg (Jules) en qualité de Français)

—

L'an mil huit cent soixante-dix-sept et le dix-neuf mai, à onze heures du matin,

Devant nous, maire de la ville de Libourne, a comparu le sieur Steeg (Jules), né à Versailles le vingt et un février mil huit cent trente-six, lequel nous a remis :

1° Un certificat en due forme du maire de Strasbourg, en date du trente novembre mil huit cent soixante-quinze, attestant que ledit « Steeg (Jules) a fait au mois de février mil huit cent cinquante-sept, à la mairie de Strasbourg, la déclaration prescrite par l'article 9 du Code civil, que cette déclaration a été reçue en procès-verbal et qu'elle a été transcrite sur un registre qui a disparu depuis le siége de la ville. »

2° Son congé de libération militaire en date du trente décembre mil huit cent soixante-trois ;

Et nous a fait la déclaration suivante :

« Désireux de suppléer dans la mesure du possible à la disparition du registre de Strasbourg par le fait de guerre et d'établir sur un registre français une marque irrécusable de sa nationalité française, le sieur Steeg (Jules) déclare, en vertu de la loi du 22 mars 1849, renouveler, en tant que de besoin, sa déclaration de février mil huit cent cinquante-sept, réclamant sa qualité de Français, et déclarant que son intention est de continuer à résider en France. »

La présente déclaration a été faite en présence de MM. Vuillemin (Louis), âgé de quarante-huit ans, négociant, et Dubert

(Pierre-Adrien), âgé de soixante-deux ans, propriétaire, témoins majeurs, domiciliés en cette ville, lesquels ont signé avec le comparant et nous après lecture.

Fait à Libourne, en l'Hôtel de Ville, les jour, mois et an que dessus.

Le comparant, *signé*: Jules Steeg. Le maire, *signé*: Lataste. Les témoins, *signé*: Vuillemin, Dubert.

------

Voilà les faits. La cause est entendue. Chacun peut juger maintenant.

Je suis Français; je le suis par ma naissance, par mon éducation, par mes titres, par les fonctions que j'ai remplies, par ma volonté, par la loi, par l'usage constant et indiscuté de mes droits de citoyen, par mes démarches réitérées pour établir ma qualité mise en doute, par mon patriotisme, par mon ardent amour de la France et les services modestes mais dévoués que j'essaie de lui rendre. Je ne dirai pas que je le suis plus que mes adversaires, ne me croyant pas en droit de dénier leur civisme, fût-il à mes yeux mal entendu, ni d'établir, sur des raisons de parti, des degrés dans l'amour que tous les fils de la patrie portent à leur mère commune. Nous l'aimons tous et voulons la servir, avec des principes différents, des vues opposées, des moyens qui lui sont plus ou moins profitables, mais avec le même désir de sa prospérité matérielle et de sa grandeur morale. Divisés sur tout le reste, nous sommes unis au moins dans une commune passion pour l'intégrité et la gloire de la France dont le nom, à l'heure des désastres et dans la période du recueillement, fait battre tous nos cœurs à l'unisson.

Après une série de conférences françaises que j'avais faites à Strasbourg, à Mulhouse, etc., en 1872, des dames Alsaciennes m'ont envoyé, en signe de gratitude pour mes faibles efforts et comme gage du lien sympathique qui ne cesse d'unir les deux versants des Vosges, un buste de l'Alsace en pleurs. Ce pieux souvenir orne ma maison, comme une leçon permanente sous les yeux de mes enfants, comme une attestation de nos chères provinces séparées, comme une réponse aux calomnies d'adversaires que la haine aveuglait. Ce ne sont pas nos concitoyens de l'Alsace qui auraient mis en doute ma qualité de Français, eux qui peuvent rendre témoignage des paroles de fraternité et d'espérance que je suis allé leur porter au nom de la France. Ce n'est pas vous non plus, ô républicains mes amis, qui m'avez vu à l'œuvre, uniquement préoccupé du relèvement de la patrie humiliée. Je donne tout à la France, mon temps, ma vie, mes forces, ma parole et ma plume, ma famille et mes intérêts. Je la sers de mon mieux ; j'identifie sa cause avec celle de la justice, de l'humanité et du progrès ; c'est la France que je crois servir en servant la République. Il n'y a pas de titre au monde dont je sois plus fier que ce nom qui renferme tant de choses :

Citoyen de la République française !

Jules STEEG.

Libourne, le 1er août 1877.

Imprimerie Libournaise, 2, cours d'Orléans.

www.ingramcontent.com/pod-product-compliance
Ingram Content Group UK Ltd.
Pitfield, Milton Keynes, MK11 3LW, UK
UKHW020126080726
13614UKWH00005B/2063